AF270329

EL DON SUPREMO

EL DON SUPREMO

ADAPTACIÓN LIBRE DE LA OBRA DE HENRY DRUMMOND

• El amor es lo más grande del mundo •

PAULO COELHO

Traducción de Pilar Obón

HarperCollins *Español*

Los libros de HarperCollins Español pueden ser adquiridos con fines educativos, empresariales o promocionales. Para más información, envíe un correo electrónico a SPsales@harpercollins.com.

harpercollins.com

Título original: *O Dom Supremo*. Publicado en Brasil por Editora Paralela, 1991.

PRIMERA EDICIÓN DE HARPERCOLLINS ESPAÑOL, 2026

Ilustración de mandala de flores © Mighty/stock.adobe.com

Este libro ha sido debidamente catalogado en la Biblioteca del Congreso de los Estados Unidos.

ISBN 978-0-06-347162-7

Impreso en los Estados Unidos de América

25 26 27 28 29 LBC 5 4 3 2 1

Oh, María, sin pecado concebida. Ruega por nosotros,
que recurrimos a Ti. Amén.

EL DON SUPREMO

¿**V**es a esta mujer? Cuando entré en tu casa, no me diste agua para los pies, pero ella me ha bañado los pies en lágrimas y me los ha secado.

Tú no me besaste, pero ella, desde que entré, no ha dejado de besarme los pies.

Tú no me ungiste la cabeza con aceite, pero ella me ungió los pies con perfume.

Por eso te digo: si ella ha amado mucho, es que sus muchos pecados le han sido perdonados. Pero a quien poco se le perdona, poco ama.

LUCAS 7: 44-47

EL DON SUPREMO

A finales del siglo pasado, en una tarde fría de primavera, un grupo de hombres y mujeres venidos de diversos lugares de Inglaterra se reunió para escuchar al más famoso predicador de aquella época. Estaban ansiosos por oír lo que el hombre tenía que decir.

Pero después de ocho meses de recorrer varios países del mundo realizando su agotadora tarea de evangelización, el predicador se sentía vacío. Miró a su pequeña audiencia, ensayó algunas frases y terminó por desistir. El Espíritu de Dios no lo había tocado aquella tarde.

Triste, sin saber qué hacer, se volvió hacia un joven misionero que estaba entre los presentes. El muchacho había regresado de África poco tiempo antes y quizás tuviera algo interesante que decir.

Entonces, pidió al joven que lo sustituyera.

Las personas reunidas en aquel jardín en Kent quedaron un poco desilusionadas.

EL DON SUPREMO

Nadie sabía quién era el joven misionero. En realidad, ni siquiera era un misionero. Se había rehusado a su ordenación como ministro porque no estaba seguro de que aquella fuera su verdadera vocación.

En busca de una razón para vivir, en busca de sí mismo, el muchacho había pasado dos años en el interior de África, entusiasmado con el ejemplo de personas que perseguían un ideal.

Al público de aquel jardín de Kent no le gustó el cambio. Habían ido hasta allí para oír a un predicador experimentado, sabio y famoso, y ahora se veían obligados a escuchar a un joven que, como ellos mismos, todavía luchaba por encontrarse a sí mismo.

Pero Henry Drummond —ese era el nombre del muchacho— algo había aprendido.

Henry pidió prestada una Biblia a uno de los presentes y leyó un fragmento de la carta de San Pablo a los Corintios:

Aunque hablara las lenguas de los hombres y de los ángeles, si no tengo Amor, sería como el bronce que suena, o como el címbalo que tañe.

Aunque tuviera el don de la profecía y conociera todos los misterios y toda la ciencia; aunque tuviera una fe inmensa, capaz de mover montañas, si no tengo Amor, no soy nada.

Y aunque repartiera todos mis bienes entre los pobres, y entregara mi propio cuerpo para que sea quemado, si no tengo Amor, de nada me sirve.

El Amor es paciente, es bondadoso, el amor no se consume en celos, no se vanagloria, no se enorgullece, no hace nada impropio, no busca sus intereses, no se exaspera, no se resiente del mal; no se alegra con la injusticia, sino que se regocija con la verdad. Todo lo sufre, todo lo cree, todo lo espera, todo lo soporta.

El Amor jamás acaba. Pero, habiendo profecías, desaparecerán; habiendo lenguas, cesarán; habiendo ciencia, pasará. Porque en parte conocemos, y en parte profetizamos.

Pero cuando viera lo que es perfecto, lo que entonces fuera en parte será aniquilado. Cuando era niño, hablaba como un niño, sentía como un niño, pensaba como un niño. Cuando llegué a ser hombre, desistí de las cosas propias del niño.

EL DON SUPREMO

*Porque ahora vemos como en un espejo, oscuramente,
y entonces veremos cara a cara; ahora conozco en parte,
y entonces conoceré cómo soy conocido.*

Ahora permanecen la Fe, la Esperanza y el Amor.
Estos tres.
Pero el mayor de ellos es el Amor.

PAULO COELHO

Todos escucharon en respetuoso silencio, pero seguían decepcionados. La mayoría ya conocía el fragmento y ya había meditado largamente sobre él.

El muchacho podía haber elegido algo más original, más trepidante.

Cuando terminó de leer, Henry cerró la Biblia, miró al cielo y comenzó a hablar:

Todos nosotros, en algún momento, nos hicimos la misma pregunta que todas las generaciones se han hecho:

¿Qué es lo más importante de nuestra existencia?

Queremos emplear nuestros días de la mejor manera, pues ninguna otra persona puede vivir por nosotros. Entonces necesitamos saber: ¿hacia dónde debemos dirigir nuestros esfuerzos, cuál es el objetivo supremo a ser alcanzado?

Estamos acostumbrados a escuchar que el tesoro más

EL DON SUPREMO

importante del mundo espiritual es la Fe. En esta simple palabra se apoyan muchos siglos de religión.

¿Consideramos a la Fe lo más importante del mundo? Pues bien, estamos completamente equivocados.

Si creímos en eso en algún momento, podemos dejar de creerlo.

En el pasaje que acabo de leer fuimos remontados a los primeros tiempos del cristianismo. Y, como vimos, «permanecen la Fe, la Esperanza y el Amor. Estos tres. Pero el mayor de ellos es el Amor».

No se trata de una opinión superficial de Pablo, el autor de esas líneas. A final de cuentas, un momento antes él había hablado de la Fe y dijo:

«Aunque tuviera una fe inmensa, capaz de mover montañas, si no tengo Amor, no soy nada».

Pablo no evadió el asunto; por el contrario, comparó la Fe con el Amor. Y concluyó:

«[...] el mayor de ellos es el Amor».

Debe haber sido muy difícil para él decir eso; después de todo, uno suele recomendar a otros aquello que es su punto fuerte.

El Amor no era el punto fuerte de Pablo. Un estudiante

con sentido de observación notaría que, a medida que envejecía, el apóstol se volvía más tolerante, más tierno. Pero la mano que escribió «Pero el mayor de ellos es el Amor» estuvo muchas veces manchada de sangre en su juventud.

Además, esa carta a los Corintios no es el único documento que muestra el Amor como el *summum bonum*, el Don Supremo. Todas las obras maestras del cristianismo concuerdan en ese punto.

Pedro dice: «Sin embargo cuiden, por encima de todo, el Amor intenso de unos para con los otros, porque el amor cubre multitud de pecados».

Y Juan va más lejos: «Dios es Amor».

Podemos leer, también, en otro texto de Pablo: «El cumplimiento de la Ley es el Amor».

¿Por qué dice eso Pablo? En aquella época, las personas buscaban llegar al Paraíso cumpliendo los Diez Mandamientos, y los centenares de otros mandamientos que habían creado con base en las Tablas de la Ley. Cumplir la ley lo era todo. Era, incluso, más importante que vivir.

Entonces Cristo dijo: «Voy a mostrarles una manera más simple de llegar al Padre. Si la aprenden, pueden hacer centenares de otras cosas sin temor de ofender a Dios.

EL DON SUPREMO

»Amor. Si ustedes aman, estarán cumpliendo la ley, aunque no sean conscientes de eso».

Podemos comprobar por nosotros mismos que ese consejo funciona.

Tomemos cualquiera de los mandamientos: «Amarás a Dios sobre todas las cosas». He aquí el Amor.

«No tomarás el nombre de Dios en vano».

¿Osaríamos hablar superficialmente de alguien a quien amamos?

«Santificarás las fiestas».

¿No estamos muchas veces ansiosos, esperando el día de encontrarnos con quien amamos para dedicarnos al Amor? Entonces, si amamos a Dios, sucederá lo mismo.

El Amor exige que obedezcamos todas las leyes de Dios.

Cuando un hombre ama, no es necesario exigirle que honre a su padre y a su madre o que no mate. Exigirle que no robe a quien quiere bien a su prójimo es una ofensa: ¿cómo podría robarle a alguien a quien ama? Y sería superfluo pedirle que no levante falsos testimonios, pues jamás haría eso, así como sería incapaz de desear a la persona que otro ama.

———————

Por lo tanto, «el Amor es el cumplimiento de la Ley».

El Amor es la regla que resume todas las otras reglas.

El Amor es el mandamiento que justifica todos los otros mandamientos.

El Amor es el secreto de la vida.

Pablo lo aprendió y nos dio, en la carta que leímos hace un momento, la mejor y más importante descripción del *summum bonum*, el Don Supremo.

Pablo comienza a comparar el Amor con otras cosas que, en su tiempo, tenían mucho valor para las personas.

Lo compara con la elocuencia; un don noble, capaz de tocar el corazón y la mente de los seres humanos y estimularlos a realizar importantes tareas sagradas o aventuras que van más allá de los límites.

Pablo se refiere a los grandes predicadores y dice: «Aunque hable las lenguas de los hombres y de los ángeles, si no tuviera Amor, sería como el bronce que suena, o como el címbalo que tañe».

Y todos sabemos por qué. Muchas veces escuchamos lo que parecen ser grandes ideas para transformar el mundo. Pero son palabras dichas sin emoción, vacías de Amor y por eso no nos tocan, por más lógicas e inteligentes que parezcan.

Pablo compara el Amor con la Profecía. Lo compara con los Misterios. Lo compara con la Fe. Lo compara con la Caridad.

EL DON SUPREMO

¿Por qué el Amor es más importante que la Fe?

Porque la Fe es apenas un camino que nos conduce al Amor Mayor.

¿Por qué el Amor es más importante que la Caridad?

Porque la Caridad es apenas una de las manifestaciones del Amor. Y el todo es siempre más importante que la parte. Además, la Caridad también es solo una senda, uno de los muchos caminos que el Amor utiliza para hacer que una persona se una a su prójimo.

Y, como todos sabemos, existe mucha Caridad sin Amor. Es muy fácil lanzarle una moneda a un pobre en la calle. Generalmente es más fácil hacerlo que no hacerlo.

Dejamos de sentirnos culpables por el cruel espectáculo de la miseria.

¡Qué gran alivio por solo una moneda! Nos sale barato y resuelve el problema del mendigo.

Sin embargo, si realmente amáramos a aquel pobre hombre, haríamos mucho más por él.

O no haríamos nada. No le daríamos la moneda y —¿quién sabe?— nuestra culpa por aquella miseria podría despertar el verdadero Amor.

———————————

PAULO COELHO

Pablo compara entonces el Amor con el sacrificio y el martirio. Y yo les suplico a quienes desean algún día trabajar por el bien de la humanidad: jamás olviden que, aunque sus cuerpos sean quemados en el nombre de Dios, si no tienen Amor, no servirá de nada. ¡De nada!

Ustedes no pueden dar nada más importante que el reflejo del Amor en sus vidas. Ese es el verdadero lenguaje universal que nos permite hablar chino o los dialectos de la India. Si algún día van a esos lugares, la elocuencia silenciosa del Amor hará que sean entendidos por todos.

El mensaje de Fe de una persona está en la forma en que vive su vida, y no en las palabras que pronuncia.

Hace poco tiempo estuve en el corazón de África, cerca de los Grandes Lagos. Ahí entré en contacto con hombres y mujeres que recordaban con cariño al único hombre blanco que habían conocido: David Livingstone. Y mientras yo seguía sus pasos por Africa, el rostro de las personas

---

EL DON SUPREMO

se iluminaba cuando me contaban sobre un doctor que había pasado por ahí tres años antes. Ellas no podían comprender lo que Livingstone les decía, pero sentían el Amor presente en su corazón.

Lleven con ustedes ese mismo Amor y el trabajo de sus vidas estará plenamente justificado.

Cuando hablen de Dios y del mundo espiritual, no podrán poseer nada más elocuente que eso. De nada sirve seguir adelante llevando relatos de milagros, testimonios de Fe, bellas oraciones. Si tienen todo eso y se olvidan del Amor, de nada servirá tanto esfuerzo.

Porque ustedes pueden lograrlo todo, pueden estar listos para cualquier sacrificio.

Pero si entregan sus cuerpos para que sean quemados y no tienen Amor, eso no tendrá significado ni para ustedes ni para la causa de Dios.

PAULO COELHO

Después de comparar el amor con todo lo que ya vimos, Pablo hace, en tres versos breves, un sorprendente análisis de lo que es ese Don Supremo.

Él nos dice que el Amor es una cosa compuesta de muchas otras.

Como la luz. Aprendemos en la escuela que, si tomáramos un prisma e hiciéramos que un rayo de sol lo atraviese, ese rayo se dividirá en siete colores.

Los colores del arcoíris.

Entonces, Pablo toma el Amor y hace que atraviese el prisma de su sensibilidad, dividiéndolo en sus elementos.

Nos muestra el arcoíris del Amor, así como el prisma atravesado por un rayo nos muestra el arcoíris de la luz.

EL DON SUPREMO

¿Y cuáles son esos elementos? Son virtudes de las cuales oímos hablar todos los días, y que podemos practicar en cualquier momento de nuestras vidas.

Son esas pequeñas cosas, esas simples virtudes, las que componen el Don Supremo.

PAULO COELHO

El Amor está compuesto de nueve ingredientes:

Paciencia: «El amor es paciente».

Bondad: «Es bondadoso».

Generosidad: «El Amor no se consume en celos».

Humildad: «No se vanagloria, no se enorgullece».

Delicadeza: «No hace nada impropio».

Entrega: «No busca sus intereses».

Tolerancia: «No se exaspera».

Inocencia: «No se resiente del mal».

Sinceridad: «No se alegra con la injusticia, sino que se regocija con la verdad».

Paciencia. Bondad. Generosidad. Humildad. Delicadeza. Entrega. Tolerancia. Inocencia. Sinceridad. Esas son las cosas que componen el bien supremo; están en el alma de la persona que desea estar presente en el mundo y cercana a Dios.

Todos esos dones están relacionados con nosotros, con

EL DON SUPREMO

nuestra vida diaria, con el hoy y con el mañana, con la eternidad.

Siempre escuchamos hablar mucho del Amor a Dios.

Pero Cristo nos habla del Amor al hombre.

Buscamos la paz en los Cielos.

Cristo busca la paz en la Tierra.

La búsqueda del ser humano para dar respuesta a su pregunta principal: «¿A qué debo dedicar mi existencia?» no es una cosa extraña o impuesta.

Está presente en todas las civilizaciones, aunque estas no se comuniquen. Porque nació con el hombre y refleja, en este mundo, el soplo del Espíritu Eterno.

El Don Supremo refleja también ese soplo. No es solo un Don en sí, sino una suma de varias actitudes y palabras del día a día.

———

El Amor es *paciencia*.

Ese es el comportamiento normal del Amor: esperar con calma, sin prisas, sabiendo que en determinado momento podrá manifestarse.

El Amor está listo para hacer su trabajo en la hora propicia, pero aguarda con calma y mansedumbre.

El amor es paciente. Todo lo soporta.

Todo lo cree.

Todo lo espera.

Porque el Amor es capaz de entender.

———

EL DON SUPREMO

*B*ondad. Amor activo.

¿Ya se dieron cuenta de que Cristo empleó gran parte de su tiempo en el mundo siendo bueno con los demás, dejando contentas a las personas?

Empleó gran parte del poco tiempo que tenía en la Tierra para hacer felices a sus contemporáneos.

Procura pensar en eso y notarás que, aunque Cristo tuviera mucho que hacer, no se olvidó de ser bondadoso con el prójimo.

Solo existe una cosa más importante que la felicidad: la santidad. Aun cuando no esté a nuestro alcance, hacer felices a los demás sí lo está. Dios puso eso en nuestras manos y no nos cuesta casi nada.

Si miramos con cuidado, percibiremos que no nos cuesta absolutamente nada.

Aun así, ¿por qué nos resistimos a alegrar a nuestro prójimo? La felicidad no es un bien que se multiplique en

---

EL DON SUPREMO

cautiverio ni algo que disminuya cuando se da. Al contrario, solamente sembrando felicidad conseguimos aumentar nuestra cuota.

«La cosa más importante que podemos hacer por un padre», dijo alguien alguna vez, «es ser buenos con sus hijos».

¡Cuánto necesita el mundo de eso!

Y qué fácil es ser bueno. El efecto es inmediato y uno será recordado para siempre.

Y la recompensa es abundante, pues no existe deuda más honesta que la deuda del Amor. El Amor nunca falla.

El Amor es la verdadera energía de la vida. Como dice Browning: «[...] pues la vida, con todos sus momentos de alegría y tristeza y esperanza y miedo, es solo una oportunidad para aprender el Amor como el Amor puede ser, como fue y como es».

* * *

Donde existe el Amor, existe el ser humano y existe Dios.

Quien se alegra en el Amor, se alegra con el ser humano, se alegra en Dios.

Dios es amor. Por lo tanto: ¡AMA!

PAULO COELHO

Sin distinción, sin hora marcada, sin aplazamientos, sin miedo a sufrir: ¡AMA!

Derrama generosamente tu Amor sobre los pobres, que es algo fácil; y sobre los ricos, que desconfían de todo y no logran divisar el Amor que tanto necesitan; y sobre tus semejantes, lo cual es muy difícil. Es con nuestros semejantes con quienes somos más egoístas. Muchas veces intentamos *agradar*, pero lo que necesitamos hacer es *dar alegría*.

Da alegría. Jamás pierdas una oportunidad de alegrar al prójimo, porque tú serás el primero en beneficiarte, aun cuando nadie sepa lo que estás haciendo. A su vez, el mundo estará más contento y las cosas serán mucho más fáciles para ti.

Yo estoy en este mundo viviendo el presente. Cualquier cosa buena que yo pueda hacer, o cualquier alegría que pudiera dar a los demás, por favor, díganmelo. No me dejen postergar u olvidar, pues jamás volveré a vivir este momento.

EL DON SUPREMO

*G*enerosidad. «El amor no se consume en celos». El Amor no envidia. Consumirse en celos significa amar compitiendo con el Amor de los demás.

Permite que los demás amen. Y procura amar todavía más.

Da a tu vez, lo mejor de ti.

Siempre que quieras realizar una buena acción, encontrarás personas que hacen lo mismo, a veces de una manera mucho mejor que la tuya. No las envidies.

La envidia está dirigida a quienes están a nuestro lado, generalmente tratando de destruir lo mejor que hay en ellos. Es el sentimiento más despreciable que alguien puede tener.

La envidia está siempre esperando para arrasar con todo lo que otros hacen, aunque hagan lo mejor por nosotros.

EL DON SUPREMO

Y la única forma de escapar de la envidia es concentrando las fuerzas en el Amor.

En vez de envidiar, debemos admirar el alma grande, rica y generosa de aquellos que conocen un Amor que «no se consume en celos».

PAULO COELHO

Y entonces, después de entender todo eso, tenemos que aprender una cosa más: *humildad*. Poner un sello en nuestros labios y olvidar nuestra paciencia, nuestra bondad, nuestra generosidad. Después de que el Amor penetró en nuestras vidas y realizó su bello trabajo, debemos quedarnos quietos y no decir palabra.

El Amor se esconde, incluso, de sí mismo.

El Amor evita la autosatisfacción.

El Amor «no se vanagloria, no se enorgullece».

EL DON SUPREMO

El quinto ingrediente es algo que puede parecer extraño e inútil en ese arcoíris del Amor: *delicadeza*. Ese es el Amor entre los hombres, el Amor en la sociedad. Muchas personas suelen decir que la delicadeza es un sentimiento superfluo.

No es verdad. La delicadeza es el Amor que se manifiesta en las pequeñas cosas.

El Amor *no puede* ser agresivo o inconveniente, no puede comportarse de manera equivocada. Puedes ser la persona más tímida del mundo, menos preparada para lidiar con el prójimo, pero si tuvieras una reserva de Amor en tu corazón, siempre actuarás de manera correcta.

Carlyle decía: «Robert Burns es más noble que toda la nobleza de Inglaterra porque puede amar todo: el ratón, la margarita, todas las cosas grandes y pequeñas que Dios hizo».

EL DON SUPREMO

Eso le permitía a Burns conversar con cualquier persona, visitar palacios y dormir en chozas.

¿Sabes qué quiere decir «noble»? Significa alguien que actúa de manera digna. Ese es el misterio del Amor.

Quien posee Amor en su corazón no puede actuar con grosería, mientras que el falso noble, aquel que es solo un esnob, es cautivo de sus sentimientos y no consigue amar.

El Amor «no hace nada impropio».

———————————

*E*ntrega. El Amor no busca sus intereses, no se busca a sí mismo.

El Amor no busca ni siquiera lo que es suyo.

En Inglaterra, como en muchos otros países, las personas luchan, y con toda razón, por sus derechos. Pero hay momentos muy especiales en los que podemos incluso abrir la mano y soltar esos derechos.

Sin embargo, Pablo no nos exige que lo hagamos. Porque él sabe que el Amor es algo tan profundo, que quien ama ignora cualquier recompensa.

Se ama porque el Amor es el Don Supremo y no porque nos dé algo a cambio.

No es difícil renunciar a nuestros derechos; finalmente, son cosas externas a nosotros, ligadas a nuestra relación con la sociedad. Lo difícil es renunciar a nosotros mismos.

Más difícil aún es no buscar alguna recompensa cuando amamos.

EL DON SUPREMO

Generalmente buscamos, compramos, conquistamos, merecemos, alcanzamos lo mejor y podemos, en un gesto noble, renunciar a la recompensa. Pero yo hablo de no buscar.

Id opus est. Esta es la obra. El Amor se basta a sí mismo.

«¿Buscas grandes cosas en tu vida? —pregunta el profeta—. No las busques». ¿Por qué? Porque no existe grandeza en las cosas. Las cosas no pueden ser más grandes que ellas mismas. La única grandeza que existe es la entrega proporcionada por el Amor.

Sé que es muy difícil renunciar a una recompensa, pero es mucho más difícil no buscar una recompensa en lo que hacemos.

No, no debo hablar de este modo. En realidad, nada es difícil para el Amor. Verdaderamente creo que la carga del Amor es ligera. La «carga» es tan solo su manera de vivir. Y tengo la certeza de que es también la manera más fácil de vivir, porque el Amor que no busca recompensas es capaz de llenar con su luz cada minuto de la existencia.

La lección que está más presente en todas las enseñanzas espirituales nos dice: no existe felicidad en tener y recibir; solo en dar.

PAULO COELHO

Repito: no existe felicidad en tener y recibir; solo en dar.

En este momento, casi todo el mundo está siguiendo una pista falsa para llegar a la casa de la felicidad. Se piensa mucho en tener y recibir, en exhibir, en conquistar, en ser servido por los demás. Es eso lo que la mayoría de las personas llama «realización».

No obstante, realización es dar y servir. Quien quiera ser más grande entre todos ustedes, dijo Cristo, que sirva a su prójimo. Quien quiera ser feliz debe poner en el Amor su encuentro con la vida. El resto no tiene importancia.

EL DON SUPREMO

El siguiente ingrediente es la *tolerancia*. El Amor «no se exaspera».

Tendemos a juzgar la intolerancia como un defecto de familia, un rasgo de la personalidad, una distorsión de la naturaleza, cuando en realidad deberíamos considerarla una auténtica falta de carácter. Por eso es que, en el análisis que hace del Amor, Pablo cita la tolerancia. Y la Biblia, en muchos otros pasajes, menciona la intolerancia como el elemento más destructivo de nuestra manera de actuar.

Lo que más me impresiona es que la intolerancia, el prejuicio, está siempre presente en la vida de las personas que se juzgan virtuosas. Generalmente es la gran mancha de una personalidad que tenía todo para ser noble y gentil. Conocemos a muchas personas que son casi perfectas pero que, de repente, piensan que tienen razón en algo y pierden la cabeza por ello.

Esta supuesta buena relación entra la virtud y la in-

EL DON SUPREMO

tolerancia es uno de los problemas más tristes de la raza humana y de la sociedad.

Existen en realidad dos tipos de pecados: los del cuerpo y los del espíritu. En una parábola del Nuevo Testamento, el Hijo Pródigo abandona a su familia y sale al mundo, mientras que el hermano mayor se queda con su padre. Después de muchas desgracias, el Hijo Pródigo decide volver y el padre da una gran fiesta en su honor. Al enterarse, el hermano mayor se vuelve contra el padre: «¿No me quedé a tu lado todo este tiempo, trabajando, mientras él se gastaba su herencia?», pregunta.

Podemos considerar que el Hijo Pródigo comete el primer tipo de pecado, mientras que su hermano comete el segundo. Curiosamente, la sociedad está segura de saber cuál de los dos tipos de pecado es el peor y su condena cae, sin sombra de duda, sobre el Hijo Pródigo. ¿Pero tendremos razón?

No tenemos una balanza para pesar el pecado de los otros, y «mejor» o «peor» son solo dos palabras de nuestro vocabulario. Pero yo les digo: las faltas más sofisticadas pueden ser mucho más graves que las obvias y simples.

A los ojos de Aquel que es Amor, un pecado contra

------

el Amor es cien veces peor. No existe ningún vicio, deseo, avaricia, lujuria o embriaguez que sea peor que un temperamento intolerante.

Por volver amarga la vida,

por destruir comunidades,

por acabar con muchas relaciones,

por devastar hogares,

por debilitar a hombres y mujeres desde sus cimientos,

por quitarle a la juventud toda su exuberancia,

por su poder gratuito de producir miseria, la intolerancia no tiene competencia.

Miremos al hermano mayor: correcto, trabajador, paciente, responsable. Démosle todo el crédito por sus virtudes. Miremos a ese muchacho, a ese niño que ahora se encuentra en la puerta de la casa, ante su padre.

«Él se indignó —leemos—, y no quiere entrar». ¡Cómo debe haber afectado al Hijo Pródigo la actitud de su hermano! ¡Y cuántos hijos pródigos son mantenidos fuera del Reino de Dios por esas personas sin Amor, que creen estar adentro!

¿Cómo debía estar la cara del hermano mayor al decir aquellas palabras? Cubierta por una nube de ce-

---

EL DON SUPREMO

los, rabia, orgullo, crueldad, la certeza de haber actuado siempre bien. Terquedad, resentimiento, falta de compasión. Son esos los ingredientes de esa alma oscura y sin Amor. Son esos los ingredientes de la intolerancia y del prejuicio.

Y todos nosotros, que ya sufrimos ese tipo de presión muchas veces en la vida, sabemos que esos pecados son mucho más destructivos que los pecados del cuerpo.

¿No habló el propio Cristo a ese respecto, cuando dijo, frente a los sabios escribas de su época, que las prostitutas y los pecadores entrarían primero al Reino de los Cielos?

No hay lugar en el Reino para los prejuiciosos y los intolerantes. Alguien prejuicioso conseguiría volver insoportable el Paraíso para sí mismo y para los demás.

Si el intolerante no naciera de nuevo, dejando de lado todo aquello que juzga intocable y cierto, no podrá —simplemente *no podrá*— entrar al Reino de los Cielos.

Porque, para entrar en el Reino de los Cielos, el hombre necesita llevar el Paraíso en su alma.

———

PAULO COELHO

¡**D**ense cuenta! Mientras hablaba, me exasperé. Y subió una burbuja de intolerancia, mostrando algo podrido en el fondo. Es esta una gran prueba para el Amor: saber que, por más que lo intentemos, casi nunca conseguimos la paz necesaria para que el Amor florezca. Vean cómo las partes más ocultas del alma aparecen cuando bajamos la guardia. Y de repente, mientras predicaba la generosidad, la humildad, la paciencia, la cortesía, la entrega, me exalté.

Caí en el vicio de quien habla en la virtud: la intolerancia se manifestó.

Vemos que no basta con solo hablar de prejuicios o lidiar con ellos. Tenemos que ir hasta donde ellos se esconden, cambiar lo que hay de más íntimo en nuestra propia naturaleza. Solo así los sentimientos de rabia morirán por sí mismos. Entonces nuestras almas se volverán más suaves, no porque hayamos expulsado la agresividad, sino porque dejamos entrar al Amor.

EL DON SUPREMO

Dios es Amor.

Un Amor que, al penetrarnos, nos suaviza, nos purifica y todo lo transforma. Aparta lo que está equivocado, renueva, regenera, reconstruye nuestro interior.

El poder de la voluntad no transforma a las personas.

El Amor, sí.

Por lo tanto, dejen entrar al Amor. Recuerden: esa es una cuestión de vida o muerte. De nada sirve que yo esté aquí hablando del Amor si soy incapaz de despertarlo. «Mejor sería que le colgaran al cuello una piedra de molino y fuera tirado al mar que hacer tropezar a uno de estos pequeñitos».

Es decir: mejor no vivir que no amar.

Mejor no vivir que no amar.

———————

Vamos a hablar un poco de *inocencia* y *sinceridad*. Las personas que más nos influencian, qué más nos tocan, son aquellas que creen en lo que decimos.

La desconfianza hace que las personas se retraigan.

Pero ante la inocencia, todos crecemos. Encontramos el coraje y la amistad al lado de quien cree en nosotros.

Quien nos entiende puede transformarnos.

Es muy bueno saber que aquí y allá existen todavía ciertas personas que no se resienten con el mal porque saben la importancia del bien que están haciendo. Esas personas crecen a los ojos de su prójimo y de Dios. No le temen ni a la envidia ni a la indiferencia. Porque el Amor «no se resiente con el mal», ve siempre el lado bueno, pone lo mejor de sí mismo para funcionar.

Y, de nuevo, quien ama sale ganando, aunque no busque ninguna recompensa. ¡Qué maravillosa es la vida de quienes están siempre en la luz! Qué estímulo, qué

EL DON SUPREMO

bendición pasar un día entero sin resentirse por mal alguno.

Hacer que las personas confíen en nosotros es estar muy cerca del Amor. Y solo vamos a lograrlo si confiamos en ellas. Lo poco que los demás pueden herirnos a causa de nuestra actitud inocente no significa nada de cara a la alegría que sentiremos ante la vida. Ya no será necesario cargar pesadas armaduras, incómodos escudos y armas peligrosas. La inocencia nos protege.

Solo podemos ayudar a alguien si en él confiamos. Pues el respeto por los demás termina haciendo que recuperemos el respeto por nosotros mismos.

Si creemos que alguien puede mejorar, y esa persona siente que la consideramos igual a nosotros, prestará oídos a nuestras palabras. Y, así, creerá que puede volverse mejor.

———————————

PAULO COELHO

El Amor «no se alegra con la injusticia, sino que se regocija con la verdad». He llamado a ese ingrediente *sinceridad*.

Aquel que sabe amar, ama la Verdad tanto como a su prójimo. Se alegra con la Verdad, pero no con la que le fue enseñada.

No con la verdad de las doctrinas.

Ni con la verdad de las iglesias.

Ni con ese o aquel «ismo».

Él se alegra en la *Verdad*. Busca la Verdad con la mente limpia, humilde y sin prejuicios ni intolerancia, y acaba quedando satisfecho con lo que encuentra.

Tal vez la palabra *sinceridad* no sea la mejor para explicar esa cualidad del Amor, pero no logro encontrar ninguna otra.

EL DON SUPREMO

No estoy hablando de la sinceridad que humilla al prójimo, la que usa el error ajeno para mostrar qué tan buenos somos. El verdadero Amor no consiste en exponer a los otros su flaqueza, sino en aceptar todo, alegrarse al ver que las cosas son mejores de lo que otros dijeron.

———————————

PAULO COELHO

Basta de analizar el Amor. Ahora tenemos que esforzarnos por incorporar todos esos ingredientes.

Este debe ser nuestro objetivo en el mundo: aprender a amar.

La vida nos ofrece miles de oportunidades para aprender a amar. Todo hombre y toda mujer, cada día de sus vidas, tienen siempre una buena oportunidad de entregarse al Amor. La vida no es un largo asueto, sino un constante aprendizaje.

Y la lección más importante es: aprender a amar.

Amar cada vez mejor.

¿Qué hace de alguien un gran artista, un gran escritor, un gran músico?

La práctica.

¿Qué hace de alguien un gran hombre o una gran mujer?

La práctica. Nada más.

EL DON SUPREMO

El crecimiento espiritual aplica las mismas leyes utilizadas por el cuerpo y por el alma. Si una persona no ejercita su brazo, jamás tendrá músculos. Si no ejercita su alma, jamás tendrá un carácter fuerte, ni ideales, ni la belleza del crecimiento espiritual.

El Amor no es un momento de entusiasmo.

El Amor es una rica, fuerte, generosa expresión de nuestras vidas, la personalidad del individuo en su más perfecto desarrollo.

Y para construir eso, necesitamos de una práctica constante.

¿Qué hacía Cristo en la carpintería?

Practicaba.

Aunque era perfecto, aprendía; ya todos leímos sobre eso. Y así él crecía en sabiduría, para Dios y para los hombres.

Busca ver al mundo como un gran aprendizaje de Amor y no luches contra lo que sucede en tu vida. No reclames por tener que estar siempre atento, verte obligado a vivir en ambientes mezquinos, cruzándote con almas poco evolucionadas.

Esa fue la manera que Dios encontró para que tú *practiques*.

PAULO COELHO

Y no te asustes con las tentaciones. No te sorprendas por el hecho de que ellas estarán siempre a tu lado y no se apartarán, a pesar de tanto esfuerzo y tanta plegaria. Es de esa manera que Dios trabaja tu alma.

Todo eso te está enseñando a ser paciente, humilde, generoso, devoto, delicado, tolerante. No apartes la Mano que esculpe tu imagen, porque esa Mano también te muestra el camino.

Ten la certeza de que eres más bello a cada minuto que pasa; y aunque no lo percibas, las dificultades y las tentaciones son las herramientas utilizadas por Dios.

Recuerda las palabras de Goethe: «El talento se desarrolla en la soledad; el carácter, en el río de la vida».

El talento se desarrolla en la soledad; la plegaria, la Fe, la meditación, la visión clara de la vida.

Pero el carácter solo puede crecer si formamos parte del mundo.

Porque es en el mundo donde aprendemos a amar.

———————————

EL DON SUPREMO

Pues bien, ya mostré algunos aspectos del Amor para facilitar nuestra comprensión con respecto a Dios y al prójimo.

Pero son solo aspectos. El Amor jamás podrá ser definido.

La luz es mucho más que la suma de sus componentes: es algo que brilla, fulgurante, en el espacio.

Y el Amor es mucho más que la suma de todos sus ingredientes: es una cosa viva, palpitante, divina.

Si mezclamos todos los colores del arcoíris, todo lo que conseguiremos crear será el color blanco, no conseguiremos hacer luz.

De la misma forma, al sintetizar todas las virtudes de las cuales hablamos, podemos volvernos virtuosos, pero eso no quiere decir que hayamos aprendido a amar.

Entonces, ¿cómo vamos a atraer al Amor dentro de nuestros corazones?

EL DON SUPREMO

Vamos a trabajar nuestra voluntad para mantenerlo siempre próximo.

Vamos a intentar imitar a los que aprendieron a amar.

Vamos a olvidar todas las reglas que nos enseñaron sobre qué es el Amor, incluso mis palabras.

Vamos a orar.

Vamos a velar.

———————————

PAULO COELHO

in embargo, nada de eso nos va a hacer amar, porque el Amor es un *efecto*. Y el efecto se manifiesta solo cuando conocemos la causa.

¿Debo decir cuál es esa causa?

Al leer la versión revisada de la Primera Epístola de Juan, encontramos las siguientes palabras:

«Amamos porque Él nos amó primero».

Está escrito: «Amamos» y no «Lo amamos», como equivocadamente lo tradujeron antes.

«Amamos porque Él nos amó primero». Reparen en la palabra «porque».

Esta es la causa a la que me refiero.

Porque Él nos amó primero, el efecto, consecuentemente, es que nosotros amamos.

EL DON SUPREMO

Todos somos manifestaciones del Amor.

Lo amamos a Él, nos amamos a nosotros mismos, amamos a todos.

Es así. Nuestro corazón va transformándose poco a poco. Contemplen el Amor que les es dado, y sabrán amar.

No puedes obligarte a ti mismo a amar, ni a ninguna otra persona. Todo lo que puedes hacer es mirar el Amor, enamorarte de él e imitarlo.

Ama el Amor. Mira el gran sacrificio que Él se puso a sí mismo. Al amarlo, tú te volverás como Él.

El Amor engendra Amor.

Si colocas una pieza de metal en una fuente de electricidad, te darás un toque. Es un proceso de inducción. Si la pones cerca de un imán, esta pieza también se transformará en un imán mientras esté ahí.

Permanece cerca de Quien nos amó y serás imantado por ese Amor.

Quienquiera que busque esta causa, tendrá su efecto.

———

Intenta liberarte del prejuicio de que la búsqueda espiritual existe por casualidad, por capricho o por nuestra afición por el misterio. Ella está ahí a causa de una ley natural, o mejor, espiritual, porque es una ley divina.

Edward Irving fue a visitar a un pequeño que estaba muriendo. Al entrar en el cuarto, le puso la mano sobre la cabeza y le dijo: «Muchacho, Dios te ama».

No dijo nada más. Salió enseguida.

El muchacho se levantó, llamando a todas las personas de la casa y gritando: «¡Dios me ama! ¡Dios me ama!». El cambio fue completo; la certeza de que Dios lo amaba le dio fuerzas, destruyó lo que había de malo y posibilitó su transformación.

De la misma forma, el Amor derrite el mal que existe en el corazón de una persona y la transforma en una nueva criatura: paciente, humilde, tolerante, gentil, devota y sincera.

No existe ninguna otra manera de poder amar; tampoco hay ningún misterio en eso. Amamos a los demás, nos amamos a nosotros mismos, amamos a nuestros enemigos porque, primero, fuimos amados por Él.

———————————

Poco resta por agregar sobre las razones que llevaron a Pablo a considerar el Amor como el Don Supremo.

Solo falta analizar la razón principal. Algo muy importante, que puede ser resumido en una frase cortísima:

El Amor permanece.

«El Amor», insiste Pablo, «jamás acaba». Entonces nos da una más de sus maravillosas listas. Habla de asuntos que eran importantes en su época. Cosas que todos aseguraban eran eternas.

Y muestra que todas ellas son frágiles, temporales, agonizantes.

«Habiendo profecías, desaparecerán».

En aquel tiempo, el sueño de todas las madres era que sus hijos se convirtieran en profetas. Por siglos y siglos Dios había elegido hablarle al mundo a través de los profetas, y estos eran más poderosos que los reyes. Los hombres esperaban, afligidos, que llegara el nuevo mensajero de lo Alto y lo honraban cuando aparecía.

Pablo es implacable: «Habiendo profecías, desaparecerán».

La Biblia está repleta de profecías. Pero en la medida en que se fueron convirtiendo en realidad, perdieron su verdadero sentido. Desaparecieron como profecías para transformarse solo en alimento de la fe de personas piadosas.

Entonces, Pablo habla sobre las lenguas:

«Habiendo lenguas, cesarán».

Por lo que sabemos, pasaron ya miles de años desde que las primeras lenguas surgieron sobre la faz de la Tierra. Ellas ayudaron a los seres humanos a organizarse, a crecer y a sobrevivir en un mundo hostil y peligroso. ¿Dónde están esas lenguas?

Desaparecieron.

Los egipcios construyeron pirámides y grabaron su escritura en monumentos que permanecen hasta hoy. Todavía existen como nación, pero su lengua original desapareció.

Considera esos ejemplos como quieras, incluso en un sentido literal.

PAULO COELHO

Aunque no fuera esa la principal preocupación de Pablo, por lo menos podemos entender mejor de qué estaba hablando. La carta a los Corintios, que leímos y hemos estado discutiendo, fue escrita originalmente en griego antiguo.

Si fuéramos a Grecia con el texto original, muy pocas personas serían capaces de descifrarlo.

Hace 1500 años, el latín dominaba al mundo. Hoy ya no significa nada. Fíjense en las lenguas indígenas: están desapareciendo. Las lenguas originarias de Gales y de Escocia están muriendo ante nuestros ojos.

El libro más popular de Inglaterra, con excepción de la Biblia, es *Las aventuras del Sr. Pickwick*, de Charles Dickens. Fue escrito casi todo en un inglés hablado por las personas en las calles. Los estudiosos nos aseguran que, en cincuenta años, este libro será ilegible para el lector común.

Entonces Pablo va más lejos y agrega, con énfasis: «Habiendo ciencia, pasará».

¿Dónde está la ciencia de los antiguos? Desapareció por completo. Hoy, un niño de la escuela secundaria co-

<hr>

EL DON SUPREMO

noce muchas más cosas de las que sir Isaac Newton, quien descubrió la Ley de la Gravedad, sabía en su época. El periódico que nos trae las novedades de la mañana es desechado cuando llega la noche. Compramos enciclopedias de diez años atrás por apenas algunos tostones, porque las conquistas científicas que están en sus páginas ya fueron completamente sobrepasadas.

Fíjense cómo la carreta jalada por el caballo fue sustituida por el vapor. Y cómo la electricidad, a su vez, amenaza con superar al vapor, relegando al olvido centenares de inventos que apenas acababan de nacer. Una de las mayores autoridades de nuestros días, sir William Thomson, asegura: «El motor a vapor en breve dejará de existir».

«Habiendo ciencia, pasará».

Vemos en el fondo de los patios algunas ruedas viejas, piezas quebradas, objetos de metal corroído por la herrumbre. Veinte años atrás, esas mismas piezas formaban parte de objetos que llenaban a su dueño de orgullo.

Ahora ya no significan nada, como no sea un estorbo del cual no conseguimos librarnos.

Toda la ciencia y toda la filosofía de nuestra época, de las que tanto nos enorgullecemos, un día envejecerán.

———————————

PAULO COELHO

Algunos años atrás, la mayor autoridad de Edimburgo era sir James Simpson, el descubridor del cloroformo y el precursor de la anestesia. Recientemente, el bibliotecario de la universidad donde enseñaba sir James Simpson pidió al sobrino del científico que se deshiciera de los libros de su tío. Ya no tenían ningún interés para los nuevos estudiantes.

El sobrino le dijo al bibliotecario: «No son solo los libros de mi tío. Cualquier libro científico con más de diez años debe ser llevado al sótano».

Sir James Simpson era una persona mundialmente importante; científicos de todas partes del planeta venían a consultarlo.

Sin embargo, sus descubrimientos, y casi todos los otros hallazgos de su época, fueron superados.

«Porque ahora vemos como en espejo, oscuramente».

¿Pueden nombrarme algo que permanezca para siempre? Pablo dejó de mencionar muchas cosas. No habló del dinero, de la fama, de la fortuna; solo se limitó a cosas importantes de su tiempo, las cosas a las que se dedicaban los mejores hombres de su época. Y, decididamente, las hizo a un lado.

EL DON SUPREMO

Pablo no tenía nada en contra de las cosas en sí; no habló mal de ellas. Todo lo que dijo fue que no durarían. Eran cosas importantes, pero no eran dones supremos.

Existía algo más allá de ellas.

Lo que somos es más que lo que hacemos, y mucho más que lo que poseemos. Muchas cosas que las personas llaman pecado no son pecados; son sentimientos y deslices que desaparecen con rapidez.

Efímeros.

Es ese un argumento favorito del Nuevo Testamento. Juan no nos dice que el mundo está equivocado; dice que «pasará».

Existen muchas cosas en el mundo que son bellas; cosas que nos entusiasman y nos engrandecen.

Pero no van a durar. Todo el reino de este mundo, el deslumbramiento de la visión, los placeres de la carne, el orgullo, todo existe solo por un breve momento.

Por eso, no dejes que tu Amor se apegue a las cosas del mundo. Nada de lo que el mundo contiene vale la dedicación y el tiempo de un alma inmortal. El alma inmortal debe entregarse a algo inmortal.

———————————

Y las únicas cosas inmortales son «la Fe, la Esperanza y el Amor».

Algunos pueden decir, inclusive, que dos de esas cosas también pasan: la Fe, cuando sentimos y vivimos la presencia de Dios, y la Esperanza, cuando es satisfecha y cumplida.

Pero, con toda certeza, el Amor continuará presente.

Dios, el Eterno Dios, es Amor. Busquen, por lo tanto, el Amor; ese momento eterno, la única cosa que va a permanecer cuando la propia raza humana haya llegado al fin de sus días. El Amor será siempre la única moneda corriente aceptada en el Universo, cuando todas las otras monedas, de todas las naciones, hayan perdido su uso y su valor.

Si ustedes quieren entregarse a muchas cosas, entréguense primero al Amor, y todo lo demás les será aumentado. Den a cada cosa solo su justo valor.

D en a cada cosa solo su justo valor.
Permitan cuando menos que el gran objetivo de sus vidas sea reunir las fuerzas suficientes para defender esa idea y construir una existencia usando al Amor como referencia principal. Tal como hizo Cristo, que construyó toda la suya en base al Amor.

Comentaba yo que el Amor es eterno. ¿Ya notaron cómo Juan lo asocia, varias veces, a la vida eterna? Cuando yo era niño, me decían que «Dios amó al mundo de tal manera que dio a su único hijo para que todo el que crea en Él no perezca, sino que tenga vida eterna».

Recuerdo bien que los más viejos decían que Dios amó tanto al mundo y que, si confiábamos en Él, tendríamos paz, descanso, alegría y seguridad. Tuve que descubrir por mí mismo que esto no era así. Que, en realidad, todos aquellos que confiaran en Él —esto es, que Lo ama-

EL DON SUPREMO

ran, pues la confianza es una avenida por la cual camina el Amor— tendrían, eso sí, vida eterna.

Los textos sagrados nos hablan de una nueva vida. No ofrezcas al prójimo solo la paz, el descanso o la seguridad. En vez de eso, cuéntale cómo Cristo vino al mundo para dar a las personas una vida más llena de Amor y, por eso mismo, abundante en salvación, lo bastante larga para que podamos dedicarnos al aprendizaje del Amor.

Solo así tienen sentido las palabras del Evangelio y pueden tocar el cuerpo, el alma y el espíritu, dando a cada una de esas partes orientación y finalidad.

Muchos de los textos espirituales que vemos hoy están dirigidos solo a una parte del ser humano.

Ofrecen paz, pero no hablan de vida.

Discuten la Fe y se olvidan del Amor.

Cuentan sobre la Justicia, y no tocan la Revelación.

Y el individuo acaba apartándose de la búsqueda espiritual, porque esta fue incapaz de mantenerlo en su senda.

No cometamos esos errores. Que nos quede siempre claro que solo el Amor Total puede competir con el amor de este mundo.

<hr>

PAULO COELHO

Amar en abundancia es vivir en abundancia. Amar para siempre es vivir para siempre. La vida eterna está completamente encadenada al Amor.

¿Por qué queremos vivir por siempre? Porque deseamos que el día de mañana nos traiga a alguien a quien amamos. Porque queremos convivir un día más con la persona que está a nuestro lado. Porque queremos encontrar a alguien que merezca nuestro Amor y que, a su vez, sepa amarnos como creemos que lo merecemos.

Por eso, cuando un hombre no tiene a nadie a quien amar, siente unas profundas ganas de morir. Mientras tenga amigos, gente a la que ama y que lo ama, vivirá.

Porque vivir es amar.

Hasta el amor por una mascota, un perro, por ejemplo, puede justificar la vida de un ser humano. Pero si él no tuviera ya ese lazo de Amor con la vida, desaparecerá también cualquier razón para seguir viviendo.

EL DON SUPREMO

Habrá fallado la «energía de la vida».

Participar de la vida eterna significa conocer el Amor. Dios es Amor. Juan dice: «Estamos en lo verdadero, en su Hijo. Este es el verdadero Dios y la vida eterna».

Sea cual sea tu creencia o tu Fe, busca primero el Amor. El resto te será aumentado.

Pues el Amor necesita ser eterno. Porque Dios lo es.

———————————

Amor es vida.

El Amor nunca falla, y la vida no fallará mientras haya Amor.

Es esto lo que nos muestra Pablo: que, en el fondo de todas las cosas creadas, el Amor está presente como Don Supremo, porque el Amor permanece, mientras que las cosas se acaban.

El Amor está aquí, existe en nosotros ahora, en este momento. No es algo que nos será dado después de morir. Al contrario, tendremos poquísimas oportunidades de aprender el Amor cuando estemos viejos si no lo buscamos y lo practicamos ahora.

El peor destino que puede tener una persona es vivir y morir sola, sin amar ni ser amada.

Quien ama está a salvo.

Quien no ama ni es amado está condenado.

Y aquel que se alegra en el Amor, se alegra en Dios, porque Dios es Amor.

EL DON SUPREMO

Ya casi termino este larguísimo sermón. Pero antes, quiero hacerles una propuesta: ¿cuántos de ustedes quieren reunirse conmigo para leer ese fragmento de la carta a los Corintios por lo menos una vez a la semana?

Quien quiera, que lo haga durante los próximos tres meses. Un hombre lo hizo y cambió completamente su vida.

O también pueden comenzar por leer esa epístola una vez al día, principalmente los versos que describen la manera de actuar que combina con el Amor:

«El Amor es paciente, es bondadoso, el Amor no se consume en celos».

Pongan esos ingredientes en sus vidas. A partir de ahí, todo lo que hagan pasará a ser eterno. Vale la pena dedicar un poco de tiempo para aprender el arte de amar.

EL DON SUPREMO

Nadie se vuelve santo mientras duerme; es necesario rezar, meditar.

De la misma forma, cualquier mejora, en cualquier sentido, requiere preparación y cuidados.

Exíjanse a sí mismos vivir una vida plena y correcta. Si miran hacia atrás, se darán cuenta de que los mejores y más importantes momentos de la vida fueron aquellos en que el espíritu del Amor estuvo presente.

Cuando miramos nuestro pasado, y no nos detenemos en los placeres transitorios de la vida, notamos que los momentos que marcaron nuestra existencia fueron aquellos en que vivimos el Amor; o que, a escondidas, hicimos algo bueno para alguien. Cosas a veces demasiado insignificantes para ser contadas, pero que, por fracciones de segundo, nos hicieron sentir como si estuviéramos sumergidos en la eternidad.

Yo ya vi casi todas las bellas cosas creadas por Dios. Ya disfruté casi todos los placeres que un hombre puede tener. Pero aun así, al mirar mi pasado, quedan apenas cuatro o cinco momentos, generalmente muy cortos, en que pude hacer una pobre imitación del Amor de Dios.

PAULO COELHO

Son esos momentos los que justifican mi vida. El resto es pasajero. Cualquier otro bien o virtud son apenas una ilusión. Esos pequeños actos de Amor que nadie notó, que nadie conoce, justifican mi vida.

Porque el Amor permanece.

━━━━━━━━━━━━━━━━━━━━

EL DON SUPREMO

ateo nos da una descripción clásica del Juicio Final: el Hijo del Hombre se sienta en un trono y separa, como un pastor, las cabras de las ovejas.

En ese momento, la gran pregunta del ser humano no será: «¿Cómo viví?».

Será: «¿Cómo amé?».

La prueba final de toda búsqueda de la salvación será el Amor. No será tomado en cuenta lo que hicimos, aquello en lo que creemos, ni lo que logramos.

Nada de eso nos será cobrado. Lo que nos será cobrado: nuestra manera de amar al prójimo.

Los errores que cometimos ni siquiera serán recordados. Seremos juzgados por el bien que dejamos de hacer. Pues mantener al Amor encerrado dentro de nosotros es ir en contra del espíritu de Dios, y la prueba de que nunca Lo conocimos, de que Él nos amó en vano, de que Su Hijo murió inútilmente.

EL DON SUPREMO

Dejar de amar significa decir que Dios jamás inspiró nuestros pensamientos, nuestras vidas, y que nunca llegamos lo bastante cerca de Él para ser tocados por Su Amor exuberante. Significa que:

«Viví por mí mismo, pensé por mí mismo, por mí mismo y por nadie más, como si Jesús jamás hubiera vivido, como si Él jamás hubiera muerto».

Será ante Dios que las naciones del mundo serán reunidas. Y en presencia de todos los demás que seremos juzgados.

Y cada individuo se juzgará a sí mismo.

Ahí estarán presentes aquellos que encontramos y a quienes ayudamos. Ahí estarán también a quienes despreciamos y negamos. No habrá necesidad de llamar testigos, pues nuestra propia vida se encargará de mostrar, frente a todos, aquello que hicimos.

Ninguna otra acusación será proferida, además de la falta de Amor.

No se engañen: las palabras que escucharemos ese día

———————————————

no vendrán de la teología, no vendrán de los santos, no vendrán de las iglesias.

Vendrán de los pobres y de los hambrientos.

No vendrán de los credos ni de las doctrinas.

Vendrán de los desnudos y de los desamparados.

No vendrán de las Biblias ni de los libros de oraciones.

Vendrán de los vasos de agua que dimos, o que dejamos de dar.

¿Quién es Cristo?

Es aquel que alimentó a los pobres, vistió a los desnudos y visitó a los enfermos.

¿Dónde está Cristo?

«Todo aquel que recibiera a una de estar criaturitas en mi nombre, me recibirá también».

¿Y quién está con Cristo?

Aquel que ama.

Cuando el muchacho terminó de hablar, el sol ya se había puesto. Las personas se levantaron en silencio y se

____

EL DON SUPREMO

fueron a sus casas. Nunca más, por el resto de sus vidas, olvidarían aquel día. Habían sido tocadas por el Don Supremo y desearon, en aquel instante, que aquella tarde fuera recordada por mucho tiempo.

«Aunque no pueda ser recordada por siempre», pensó uno de ellos.

Porque, como bien dijera el muchacho, solo el Amor permanece.

———————————

PAULO COELHO

Acerca de Henry Drummond

Henry Drummond nació en Gran Bretaña en 1851. Siendo todavía joven, decidió recorrer el mundo en busca del sentido de la vida. Aunque predicó en pequeñas comunidades desde los veintidós años, se resistió sistemáticamente a ingresar en el clero, optando por dedicarse a la enseñanza de las ciencias naturales en Glasgow. *The Greatest Thing in the World*, publicado en 1890, es su obra más importante y fue conocida en todo el mundo como uno de los más bellos textos jamás escritos sobre el Amor.

Lo más grande del mundo

Extracto del texto original de Henry Drummond

Todos nos hemos hecho la gran pregunta de la antigüedad en el mundo moderno: ¿cuál es el *summum bonum*, el bien supremo? Tienes una vida ante ti. Solo puedes vivirla una vez. ¿Cuál es el más noble objeto de deseo, el don supremo que debemos codiciar?

Nos hemos acostumbrado a que nos digan que lo más grande del mundo religioso es la Fe. Por siglos, esa gran palabra ha sido la noción básica de la religión popular; con facilidad, aprendimos a admirarla como la cosa más grande del mundo. Bien, estamos en un error. Si eso es lo que nos han dicho, podemos fallar el tiro. En el capítulo que acabo de leer, los he conducido a la fuente de la Cristiandad. Y ahí lo hemos visto: «[...] el mayor de ellos es el amor». Esto no es un descuido. Tan solo un momento antes, Pablo estaba hablando de la fe. Dice: «Aunque tuviera una fe inmensa, capaz de mover montañas, si no tengo Amor, no soy nada». Lejos está de olvidar que las compara de manera deliberada: «Ahora permanecen la Fe, la Esperanza, el Amor. Estos tres», y sin dudar un momento, la decisión recae en que «el mayor de ellos es el Amor».

Y esto no es un prejuicio. Uno tiene la opción de recomendar a los demás su propio punto fuerte, y el Amor no era el punto fuerte de Pablo. El estudiante observador puede detectar una hermosa ternura que crece y florece a través de su carácter a medida que Pablo envejece; pero la mano que escribió «el mayor de ellos es el Amor» cuando la conocimos está manchada de sangre.

Tampoco es peculiar esta carta a los Corintios en destacar al amor como el *summum bonum*. En esto concuerdan las obras maestras de la Cristiandad. Pedro dice: «Por encima de todas las cosas, tengan un amor ferviente entre ustedes». *Por encima de todas las cosas.* Y Juan va aún más lejos: «Dios es amor». Y nos recuerda la profunda observación que hace Pablo en todas partes: «El amor es el cumplimiento de la ley». ¿Alguna vez han pensado en qué quería decir con eso? En aquellos días, los hombres se ganaban su

---

PAULO COELHO

pasaje al Cielo si cumplían con los Diez Mandamientos, y los ciento diez otros mandamientos que se derivaban de ellos. Cristo dijo: te mostraré una forma más sencilla. Si haces una cosa, harás estas ciento diez otras cosas, y sin siquiera pensarlo. Si amas, cumplirás inconscientemente con toda la ley. Y pueden ustedes comprobar fácilmente que así debe ser. Tomemos cualquiera de los mandamientos: «No tendrás más dioses que Yo». Si un hombre ama a Dios, ¿sería necesario decirle esto? El amor es el cumplimiento de esa ley. «No usarás el nombre de Dios en vano». ¿Se le ocurriría siquiera a este hombre usar Su nombre en vano si Lo amara? «Santificarás el día de reposo». ¿No se alegraría de tener un día de cada siete para dedicarse más exclusivamente al objeto de su afecto? El amor cumpliría todas estas leyes con respecto a Dios. Y así, si él ama al Prójimo, nunca pensarías en decirle que honrara a su padre y a su madre. No podría hacer otra cosa. Sería absurdo decirle que no matara. Solo lo insultarías si le sugirieras que no debe robar: ¿cómo podría robarles a quienes ama? Sería superfluo suplicarle que no levantara un falso testimonio contra su vecino. Si lo ama, sería la última cosa que haría. Y jamás se te ocurriría exhortar a este hombre para que

------

EL DON SUPREMO

no ambicione las posesiones de sus vecinos. Preferiría que las poseyeran ellos en su lugar. De esta forma, «el amor es el cumplimiento de la ley». Es la regla para cumplir con todas las reglas, el nuevo mandamiento para observar los antiguos mandamientos, el único secreto de Cristo de la vida cristiana.

Ahora, Pablo lo ha aprendido; y en esta noble elegía nos ha dado el recuento más maravilloso y original que existe del *summum bonum*. Podemos dividirlo en tres partes. Al principio, tenemos al Amor *comparado*; en el corazón del texto, al Amor *analizado*; hacia el final, tenemos al Amor *defendido* como el Don Supremo.

PAULO COELHO

El muchacho se llamaba Santiago. Empezaba a oscurecer, cuando llegó con su rebaño ante una vieja iglesia abandonada. El techo se había hundido hacía mucho tiempo y un enorme sicomoro había crecido en el lugar que antes albergaba la sacristía.

Resolvió pasar allí la noche. Hizo que todas las ovejas entrasen por la puerta en ruinas y luego colocó unas maderas de modo que no pudiesen huir durante la noche. No había lobos en aquella región, pero una vez se escapó uno de aquellos animales durante la noche y el

---

pastor se pasó todo el día siguiente buscando a la oveja descarriada.

Extendió su chaqueta sobre el suelo y acostóse en él, usando como almohada el libro que acababa de leer. Antes de dormirse, recordó que le hacía falta leer libros más gruesos: se tardaba más en leerlos, y por la noche resultaban más cómodos como almohada.

Todavía estaba oscuro cuando despertó. Miró hacia arriba y vio que las estrellas brillaban a través del techo semiderruido.

«Quisiera dormir un poco más», pensó. Había tenido el mismo sueño de la semana pasada y de nuevo despertó antes de llegar al final.

Se levantó y tomó un sorbo de vino. Después cogió el cayado y empezó a despertar a las ovejas que todavía dormían. Se había fijado en que cuando despertaba, también empezaban a despertar la mayor parte de los animales. Como si hubiese alguna misteriosa energía que uniese su vida a la vida de las ovejas que desde hacía dos años recorrían con él la tierra en busca de agua y alimento. «Ya se han acostumbrado tanto a mí —dijo en voz baja— que conocen mis horarios». Reflexionó un momento y pensó

---

que también podía ser cierto lo contrario: que se hubiese acostumbrado él a los horarios de las ovejas.

Sin embargo, había algunas ovejas que tardaban más en levantarse. El muchacho fue despertándolas una tras otra con el cayado, llamando a cada una por su nombre. Siempre creyó que las ovejas eran capaces de entender lo que les decía. Por esto solía leer para ellas los pasajes de libros que le habían impresionado o hablarles de la soledad y de la alegría de un pastor en el campo, o comentarles las últimas novedades que veía en las ciudades por donde solía pasar.

No obstante, en los últimos dos días, el asunto que le preocupaba había sido solamente uno: una muchacha, hija de un comerciante que habitaba en la ciudad adonde iba él a llegar dentro de cuatro días. Solo había estado allí una vez, el año anterior. El comerciante era dueño de una tienda de tejidos y le gustaba siempre ver trasquilar las ovejas en su presencia para evitar falsificaciones. Un amigo suyo le había indicado la tienda y el pastor llevó allá sus ovejas.

UN AVANCE DE *EL ALQUIMISTA* DE PAULO COELHO

—Necesito vender algo de lana —dijo el pastor al comerciante.

La tienda del hombre estaba llena, y el comerciante rogó al pastor que esperase hasta el atardecer. El muchacho se sentó en el pavimento de la tienda, y sacó un libro de la alforja.

—No sabía que los pastores fuerais capaces de leer libros —dijo una voz femenina a su lado.

Era una moza típica de la región de Andalucía, con su negra cabellera, y los ojos que recordaban vagamente los antiguos conquistadores moros.

—Es porque las ovejas enseñan más que los libros —respondió el muchacho.

Estuvieron conversando más de dos horas. Ella le contó que era hija del comerciante, y habló de la vida en la aldea, donde cada día era igual que el otro. El pastor habló de los campos de Andalucía, de las últimas novedades que

---

vio en las ciudades que había visitado. Estaba contento de no tener que conversar siempre con las ovejas.

—¿Cómo aprendiste a leer? —preguntó la muchacha en cierto momento.

—Como todas las demás personas —respondió el muchacho—. En la escuela.

—Entonces, si sabes leer, ¿por qué no eres más que un simple pastor?

El muchacho se disculpó como pudo, para no responder a aquella pregunta. Tenía la certeza de que la muchacha jamás lo entendería. Siguió contando sus historias de viaje, y los ojillos moros se abrían y cerraban de temor y sorpresa. A medida que transcurría el tiempo, el muchacho empezó a desear que aquel día no se acabase nunca, que el padre de la joven estuviese ocupado mucho rato y le mandase esperar durante tres días. Se dio cuenta de que estaba sintiendo algo que nunca antes había sentido: el deseo de quedarse en la misma ciudad para siempre. Con la niña de los cabellos negros, los días nunca serían iguales.

Pero el comerciante finalmente llegó y le mandó que esquilase cuatro ovejas. Después le pagó lo que le debía y le pidió que volviera al año siguiente.

UN AVANCE DE *EL ALQUIMISTA* DE PAULO COELHO

Ahora solo faltaban cuatro días para llegar de nuevo a la misma aldea. Estaba entusiasmado y al mismo tiempo inseguro: tal vez la niña ya lo hubiese olvidado. Por allí pasaban muchos pastores para vender lana.

—No importa —dijo el muchacho a sus ovejas—. Yo también conozco a otras niñas en otras ciudades.

Pero en el fondo de su corazón sabía que sí le importaba y que tanto los pastores, como los marineros, como los viajantes, siempre conocían una ciudad en la que había alguien que podía hacerles olvidar la alegría de viajar libres por el mundo.

UN AVANCE DE EL ALQUIMISTA DE PAULO COELHO

Comenzó a rayar el día y el pastor colocó las ovejas según la dirección del sol. «Ellas nunca tienen que tomar una decisión —pensó—. Tal vez por esto están siempre junto a mí». La única necesidad que sentían las ovejas era de agua y de alimento. Mientras el muchacho conociese los mejores pastos de Andalucía, ellas serían siempre sus amigas. Aun cuando los días fuesen siempre iguales, con largas horas arrastrándose desde que nacía el sol hasta que se ponía; aun cuando no hubiesen leído nunca un solo libro en sus cortas vidas, y no conociesen la lengua de los hombres que contaban las novedades en las aldeas. Ellas estaban contentas con agua y alimento, y esto les bastaba. A cambio de ello, ofrecían generosamente su lana, su compañía y —de vez en cuando— su carne.

«Si hoy me volviese yo un monstruo y decidiese matarlas una tras otra, ellas solo se darían cuenta después de que casi todo el rebaño hubiera sido exterminado —pensó

———————

UN AVANCE DE EL ALQUIMISTA DE PAULO COELHO

el muchacho—. Porque confían en mí y se olvidaron de confiar en sus propios instintos. Solo porque las conduzco hacia el alimento y la comida».

El muchacho empezó a sorprenderse de sus propios pensamientos. Tal vez la iglesia, con aquel sicomoro que crecía en su interior, estuviese embrujada. Le había hecho tener un mismo sueño por segunda vez y le estaba provocando una sensación de rabia contra sus compañeras, siempre tan fieles. Bebió un poco de vino que había sobrado de la cena anterior y apretó la chaqueta contra su cuerpo. Sabía que dentro de unas horas, con el sol en el zénit, el calor sería tan intenso que ya no podría conducir las ovejas por el campo. Era la hora en que toda España dormía en verano. El calor duraba hasta la noche, y durante todo este tiempo él tenía que cargar con la chaqueta. No obstante, cuando pensaba quejarse por el peso, siempre recordaba que gracias a la chaqueta no había sentido frío por la mañana.

«Hemos de estar siempre preparados para las sorpresas del tiempo», pensaba entonces, y sentíase agradecido por el peso de la chaqueta.

La chaqueta tenía un motivo, y el muchacho también.

UN AVANCE DE *EL ALQUIMISTA* DE PAULO COELHO

En dos años por las llanuras de Andalucía, él se sabía ya de memoria todas las ciudades de la región, y esta era la gran razón de su vida: viajar. Estaba pensando en explicarle esta vez a la niña por qué un simple pastor sabe leer: hasta los dieciséis años había estado en el seminario. Sus padres querían que fuese sacerdote, y motivo de orgullo para una sencilla familia campesina, que trabajaba para ganar apenas para la comida y el agua, como sus ovejas. Estudió latín, español y teología. Pero desde pequeño soñaba con conocer el mundo, y esto era mucho más importante que conocer a Dios o los pecados de los hombres. Una tarde, al visitar a la familia, se había armado de valor y le había dicho a su padre que no quería ser sacerdote. Quería viajar.

———————————

UN AVANCE DE *EL ALQUIMISTA* DE PAULO COELHO

—Hombres de todo el mundo ya pasaron por esta aldea, hijo —díjole su padre—. Vienen en busca de cosas nuevas, pero siguen siendo las mismas personas. Van hasta la colina a conocer el castillo y hallan que el pasado era mejor que el presente. Tienen cabellos rubios o piel oscura, pero son iguales que los hombres de nuestra aldea.

—Pero yo no conozco los castillos de las tierras de donde ellos vinieron —repuso el muchacho.

—Esos hombres, cuando conocen nuestros campos y nuestras mujeres, dicen que les gustaría vivir aquí para siempre —continuó diciendo el padre.

—Yo quiero conocer a las mujeres y las tierras de donde ellos vinieron —dijo el muchacho— porque ellos nunca se quedan aquí.

—Los hombres traen una bolsa llena de dinero —dijo de nuevo el padre—. Entre nosotros, solamente los pastores viajan.

UN AVANCE DE *EL ALQUIMISTA* DE PAULO COELHO

—Entonces seré pastor.

El padre no dijo nada más. Al día siguiente le dio una bolsa con tres antiguas monedas de oro españolas.

—Las encontré un día en el campo. Tenían que ser de la Iglesia, como dote tuya. Compra tu rebaño y recorre el mundo hasta que aprendas que nuestro castillo es el más importante y nuestras mujeres son las más bellas.

Y lo bendijo. En los ojos del padre el muchacho leyó también el deseo de recorrer el mundo. Un deseo todavía vivo, a pesar de las decenas de años que él había intentado sepultarlo con agua, comida y el mismo lugar para dormir todas las noches.

UN AVANCE DE EL ALQUIMISTA DE PAULO COELHO

Maktub es una obra esencial para acompañar la lectura de *El Alquimista*. Esta colección de inspiradoras historias y parábolas reúne una serie de columnas periodísticas publicadas por Coelho bajo el título de «Maktub», que significa «está escrito», invitando a los lectores a un viaje de fe, autorreflexión y transformación. En palabras del autor: «Maktub no es un libro de consejos, sino un intercambio de experiencias».

El viajero está sentado en medio del campo, mirando una casa humilde frente a él. Ya estuvo allí antes, con algunos amigos, y en ese entonces todo lo que consiguió notar fue la semejanza entre el estilo de la casa y el de un arquitecto español, que vivió hace muchos años y que jamás puso un pie en aquel lugar.

La casa queda cerca de cabo Frío, en Río de Janeiro, y está toda construida con trozos de vidrio. Su dueño, Gabriel, soñó en 1899 con un ángel que le decía: «Construye una casa con trozos». Gabriel comenzó a coleccionar ladrillos rotos, platos, adornos y botellas partidas. «Cada pedacito transformado en belleza», decía Gabriel de su trabajo. Durante los primeros cuarenta años, los lugareños aseguraban que estaba loco. Después, algunos turistas descubrieron la casa y comenzaron a traer a sus amigos;

———

UN AVANCE DE *MAKTUB* DE PAULO COELHO

Gabriel se convirtió en un genio. Pero la novedad pasó, y Gabriel volvió al anonimato. Sin embargo, siguió construyendo; a los noventa y tres años colocó el último trozo de vidrio. Y murió.

———————————

UN AVANCE DE MAKTUB DE PAULO COELHO

El viajero enciende un cigarro; fuma en silencio. Hoy no está pensando en el parecido entre la casa de Gabriel y la arquitectura de Gaudí. Mira los trozos, reflexiona sobre su propia existencia. Como la de cualquier persona, la suya está hecha de trozos de todo lo que ha pasado. Pero, en determinado momento, estos fragmentos comienzan a tomar forma.

Y el viajero recuerda un poco de su pasado, viendo los papeles en su regazo. Ahí están algunos pedazos de su vida: situaciones que vivió, fragmentos de libros que siempre recuerda, enseñanzas de su maestro, historias de sus amigos, fábulas que alguna vez le contaron. Ahí están las reflexiones sobre su tiempo y sobre los sueños de su generación.

De la misma manera que un hombre soñó con un ángel y construyó la casa que está frente a sus ojos, él intenta ordenar estos papeles, para comprender su propia construcción espiritual. Recuerda que, cuando era niño, leyó un libro de Malba Tahan llamado *¡Maktub!* y piensa:

«¿Debería hacer lo mismo?».

————————

Dice el maestro:

Cuando presentimos que ha llegado la hora de cambiar, comenzamos —inconscientemente— a repasar una película que muestra nuestras derrotas hasta ese momento.

Está claro que, a medida que nos hacemos más viejos, nuestra cuota de momentos difíciles es mayor. Pero, al mismo tiempo, la experiencia nos ha dado medios para superar estas derrotas y encontrar el camino que nos permite seguir adelante. También es necesario colocar esta cinta en nuestra videocasetera mental.

Si solo vemos la cinta de la derrota, nos vamos a quedar paralizados. Si solo vemos la cinta de la experiencia, terminaremos por juzgarnos más sabios de lo que realmente somos.

Necesitamos las dos cintas.

UN AVANCE DE *MAKTUB* DE PAULO COELHO

Imagina una oruga. Pasa gran parte de su vida en el suelo, mirando a los pájaros, indignada con su destino y con su forma. «Soy la más despreciable de las criaturas —piensa—. Fea, repulsiva, condenada a arrastrarme por la tierra».

Un día, sin embargo, la Naturaleza le pide que haga un capullo. La oruga se asusta: nunca antes ha hecho un capullo. Piensa que está construyendo su tumba y se prepara para morir. Aunque indignada con la vida que ha llevado hasta entonces, reclama nuevamente a Dios.

«Cuando finalmente me acostumbré, el Señor me quita lo poco que tengo».

Desesperada, se encierra en el capullo y espera el final.

Algunos días después, se ve transformada en una linda mariposa. Puede pasear por los cielos y ser admirada por los hombres. Se sorprende con el sentido de la vida y con los designios de Dios.

UN AVANCE DE *MAKTUB* DE PAULO COELHO

Un extranjero buscó al padre Pastor en el monasterio de Sceta.

—Quiero mejorar mi vida —dijo—. Pero no consigo dejar de pensar en cosas pecaminosas.

El padre Pastor se dio cuenta de que allá afuera venteaba y dijo al extranjero:

—Hace mucho calor aquí. ¿Podrías tomar un poco de viento de allá afuera y traerlo para refrescar la sala?

—Eso es imposible —dijo el extranjero.

—De la misma forma, es imposible dejar de pensar en cosas que ofenden a Dios —respondió el padre—. Pero, si sabes decir que no a las tentaciones, estas no te causarán ningún mal.

———————————

UN AVANCE DE MAKTUB DE PAULO COELHO

Dice el maestro:

Si existe alguna decisión por ser tomada, es mejor avanzar y atenerse a las consecuencias. Tú no sabes de antemano cuáles serán estas consecuencias.

Todas las artes adivinatorias fueron hechas para aconsejar al hombre, jamás para prever el futuro. Son excelentes consejeras, pero pésimas profetisas.

Dice la oración que Jesús nos enseñó: «Hágase Tu Voluntad». Cuando esta Voluntad muestra un problema, trae consigo una solución.

Si las artes adivinatorias consiguieran ver el futuro, todos los adivinos serían ricos, felices y estarían casados.

———————————————

UN AVANCE DE *MAKTUB* DE PAULO COELHO

Sobre el autor

Paulo Coelho es uno de los escritores más influyentes de nuestro tiempo y es autor de treinta bestsellers internacionales, entre ellos, *El Alquimista*, *Manual del guerrero de la luz*, *Brida*, *Veronika decide morir* y *Once minutos*. Es miembro de la Academia Brasileña de Letras y Mensajero de la Paz de las Naciones Unidas. A lo largo de su carrera ha recibido 115 premios y reconocimientos internacionales, entre ellos, la distinción de Caballero de la Orden Nacional de la Legión de Honor en Francia. Nació en Río de Janeiro en 1947 y desde muy joven descubrió su vocación por la escritura. Antes de dedicarse por completo a la literatura, trabajó como director y actor de teatro, compositor y periodista. En 1986, un encuentro decisivo lo llevó a hacer la peregrinación a Santiago de Compostela, un viaje que marcó un antes y un después en su vida. Un año más tarde, escribió *El peregrino*, la novela autobiográfica que dio inicio a su carrera literaria. Actualmente vive en Ginebra, Suiza.

LECTURAS ESENCIALES
PARA ACOMPAÑAR ESTE LIBRO

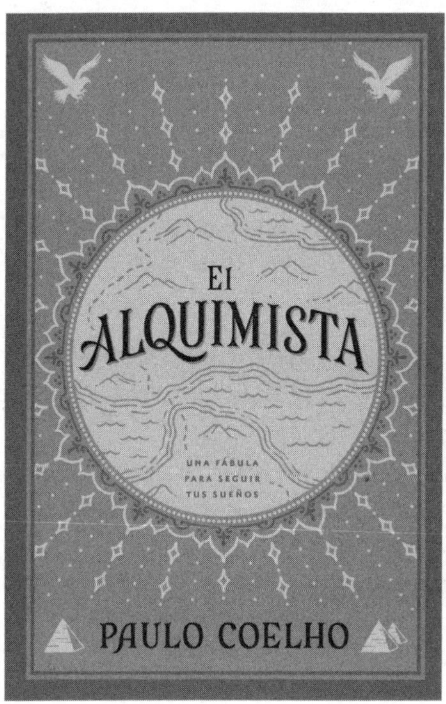

Colección
PAULO COEHLO

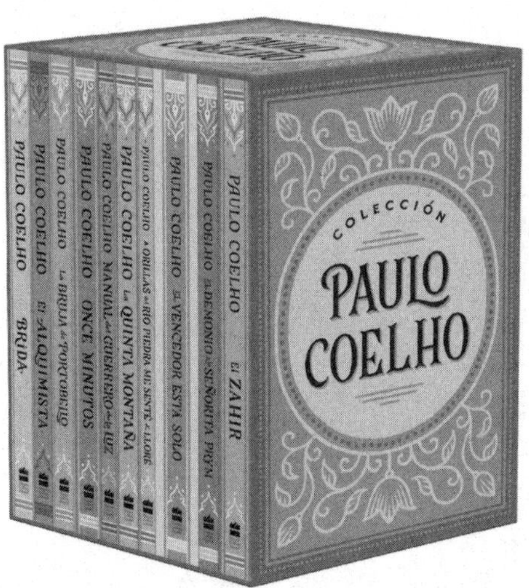

El ALQUIMISTA

PAULO COELHO

MANUAL del GUERRERO de la LUZ

PAULO COELHO

BRIDA

PAULO COELHO

La QUINTA MONTAÑA

PAULO COELHO

ONCE MINUTOS

PAULO COELHO

El VENCEDOR ESTÁ SOLO

PAULO COELHO

A ORILLAS del RÍO PIEDRA ME SENTÉ y LLORÉ

PAULO COELHO

La BRUJA de PORTOBELLO

PAULO COELHO

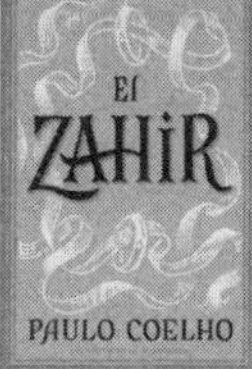

El ZAHIR

PAULO COELHO

El DEMONIO y la SEÑORITA PRYM

PAULO COELHO